Dédié
à tous les enfants d'Afrique et
d'ailleurs.

POEMES POUR L'AFRIQUE ÉTERNELLE

Fascicule 1: LA MARCHE DU FUTUR

TOUS DROITS DE TRADUCTION ET DE REPRODUCTION RESERVÉS
POUR TOUS PAYS

LES ÉDITIONS BLEUES

ISBN : 2-913771-02-5
(Agence francophone pour la numérotation internationale du livre)

Printed by CreateSpace, An Amazon.com Company

ISBN-13: 978-2913771031
ISBN-102913771033

Avant-Propos

L'ensemble des points de repère de la Pensée scientifique et philosophique propre à Joseph Moè Messavussu Akué, est ordonné par l'axiomatique suivante:

Premièrement, un Rêve prémonitoire est un fait révélé à la Conscience de Joseph Moè Messavussu Akué de manière inexpliquée ou magique, et annonçant ce qui va advenir dans le futur.

Deuxièmement, un axiome mathématique fonctionnel est la transcription exacte d'un Rêve prémonitoire qu'a eu Moè Messavussu, révélant ainsi une évidence scientifique et mathématique.

Troisièmement, un axiome mathématique fonctionnel contrecarrant toute ou partie des Connaissances humaines actuelles, doit être apprécié comme un principe théorique ou une théorie pure.

Quatrièmement, un axiome mathématique fonctionnel étant par définition, une affirmation ou une déclaration affirmative formelle, la Pensée philosophique et scientifique de Joseph Moè Messavussu Akué demeure une axiomatique évidente en elle-même, mais une théorie pure pour l'humanité qui la croira si elle en a envie.

Chicago, le 1 Mai 2009

La marche du futur :

Mémento : Au commencement des temps, l'univers créé, n'existait que dans l'esprit de Dieu. Celui-ci fit jaillir, à partir de rien, tout ce qui existe. Ce travail est achevé, il y a dix millions mille neuf cents quatre-vingt-quatorze astral ans de cela, et aura duré mille milliards de milliards moins mille milliards astral années lumières. Ce travail est composé de six parties : Une première partie définie comme l'étape de la conception du cosmos ; une deuxième partie définie comme l'étape de la conception de la réalisation du cosmos ; une troisième partie définie comme l'étape de la réalisation du domaine personnel ou de l'enclos de Dieu ou du paradais céleste ; une quatrième partie définie comme la réalisation de tous les outils et de tous les matériaux nécessaires a la réalisation du cosmos ; une cinquième partie définie comme la réalisation du cosmos ; et une sixième partie définie comme la réalisation de l'humanité. Depuis la fin de ce travail, Dieu, retiré dans son château fort, en or pur, situé au centre du paradis céleste, observe, absolument passif, le déroulement de l'accomplissement de l'histoire. Mais cette passivité est, semble t-il, interrompue, depuis le 28 Mars 1957, où n'acquit un enfant nommé Joseph Moè Messavussu Akué, étant donné que, vingt-neuf ans après la naissance dudit enfant, des évènements surréels et fantastiques firent prendre conscience au dénommé Joseph Moè Messavussu Akué, qu'il serait sans doute l'incarnation de Dieu ou de l'Intelligence sublime, Origine et Source de l'Univers créé et de la Vie. Ainsi, à partir de la fin de l'année 1986 commença une ère nouvelle pour Joseph Moè Messavussu Akué, puisque son travail qui consiste à révéler, sans aucune autre référence que sa mémoire et son intelligence, toutes les lois mathématiques et scientifiques régissant la totalité des faits existentiels et à écrire des oeuvres artistiques et littéraires, lui apparaît effectivement comme irréel ou divin. Mais, le fait que Joseph Moè Messavussu Akué, se rappelle bribes par bribes, de son origine et des images qui révèlent son existence antérieure, ne lui prouve nullement toutes les thèses qui jaillissent du néant, et qui apparaissent purement à sa conscience, et dont il confectionne les œuvres sublimes qu'il s'engage à réaliser. Mais, le fait que Joseph Moè Messavussu Akué, croit nécessairement qu'il est Dieu le Tout-Puisant - fait homme en chair et en os, ne prouve nullement qu'il est invincible, voire éternel. Mais, le fait que Joseph Moè Messavussu Akué croit a la réalisation par la Providence de son immortalité et celle du reste de l'humanité, ne prouve nullement qu'il ne reste pas à l'heure actuelle aussi mortel et aussi sujet à toutes les formes de maladies que recèle l'existence, et aussi sujet à la vieillesse que le reste de l'humanité. Mais, le fait que Joseph Moè Messavussu Akué ne croît pas avoir réalisé d'autres miracles personnels que ceux qu'il est en train de faire a travers ses œuvres scientifiques, littéraires ou artistiques, ne prouve pas qu'il ne possède un pourvoir magique qui lui permettrait d'accomplir personnellement tout ce qu'il donne à croire à l'humanité toute entière. Mais, le fait que Joseph Moè Messavussu Akué soit bel et bien un homme, en apparence tout à fait ordinaire, ne prouve pas que son corps peut se passer de s'alimenter un jour, un mois, toute l'éternité. Mais, le fait que Joseph Moè Messavussu Akué soit un homme presque modeste voire insignifiant, ne prouve nullement qu'il sera adulé comme le Dieu vivant, réalisateur du « Paradis terrestre », Souverain-Maître du pouvoir de changer le destin de l'homme en la destinée divine, matérialisé par sa capacité absolue de rendre tout être humain de son choix immortel et éternel. Mais, le fait que Joseph Moè Messavussu Akué soit révélé par ses travaux et par son puissant fluide vital capable de transformer un être humain de son choix en un être immortel et éternel comme effectivement le Dieu vivant, ne prouve pas qu'il ne vieillira jamais et qu'il n'aura jamais de cheveux blancs. Mais, le fait que Joseph Moè Messavussu Akué puisse absolument prévoir tous les évènements futurs, ne prouve nullement qu'il est la réalité ou la « Marche du Futur » ou la « Mémoire du Futur « ou la « Réalisation de la Raison de Vivre matérialisée par la Vie éternelle de tous les hommes et de toutes les femmes aimant passionnément le Dieu vivant ».

Lomé, le 13 Octobre 1987

La marche du futur

Le premier événement : La fontaine des innocents - Paris, août 1986

Le deuxième événement : Le Centre Beaubourg - Paris, fin novembre 1986

Le troisième événement : La Tour Eiffel - Paris, décembre 1986

Le quatrième événement : Notre Dame du Sacré-Cœur - Paris, fin décembre 1986

Le cinquième événement : Tolbiac - Paris, début janvier 1987

Le sixième événement : Roissy - France, fin janvier 1987

Le septième événement : Aéroport international de Lomé -Togo, 27 janvier 1987

Le huitième événement : Mon plus gros problème depuis mon retour a ma terre natale

Le neuvième événement : Mon plus grand souhait depuis mon retour a ma terre natale

Le premier événement :
La fontaine des innocents - Paris, août 1986

Il m'est permis aujourd'hui de raconter le premier événement qui me fit comprendre clairement que le nom Joseph Moè Messavussu Akué que je porte, est donné comme un nom universellement connu dans le futur.

Il m'est permis de préciser que j'appartiens au peuple « Mina », ou la branche du peuple «Guin» du Ghana, venue s'installer depuis environ deux siècles et demi à Anéhõ où ils fondèrent plusieurs bourgs dont Dégbénou.

Il m'est permis d'identifier mon aïeul a un prince Guin à qui la famille royale refusa le trône royal et qui partit en exil, avec la ferme intention de fonder quelque part, sur les rivages de l'Océan Atlantique, au Togo et non ailleurs, une civilisation originale et authentiquement noire et africaine, c'est-à-dire fondamentalement pacifique.

Il m'est permis de formuler que le prince sans trône que je suis censé être, parti de chez lui, afin d'aller poursuivre ses études supérieures à Paris, en France, et non ailleurs, dut abandonner plusieurs fois lesdites études supérieures, pour des motifs relevant de sa vie affective et intellectuelle.

Il m'est permis d'indiquer que c'est au cours des études historiques á l'Université de Paris 1-Panthéon-Sorbonne-

Centre Tolbiac, que je résolus de poursuivre jusqu'à leurs termes afin de renouer avec la vocation universitaire que je me suis attribuée, que je fis la connaissance, en 1986, de Ibrahim Behanzin, un autre prince noir et africain sans trône, perdu lui aussi dans le labyrinthe du savoir blanc et occidental, á Paris.

Il m'est permis de révéler que c'est aux bords de la « Fontaine des Innocents », au cœur de Paris, que nous décidâmes, Ibrahim Behanzin et moi-même, de créer un club de réflexion et de rencontre, devant regrouper l'Intelligentsia noire et africaine égarée comme nous deux, á Paris, en France, en Europe, dans le monde entier.

Il m'est permis de donner á croire que c'est dans cette perspective que j'acceptai de participer á la mise en place et en fonctionnement d'un mouvement intellectuel et politique que nous avons dénommé le « Regroupement des Etudiants Africains de Paris 1 », le « R. E. A. P. 1 »

Il m'est permis de révéler que c'est avec la complicité des syndicats et mouvements estudiantins français, le Parti Socialiste Autogestionnaire (le P.S.A), l'Union Nationale des Étudiants de France - Renouveau (l' U.N.E.F - Renouveau) et l'Union Nationale des Étudiants de France -Unité syndicale (l' U.N.E.F - Unité syndicale) que mes camarades noirs et africains et moi-même avions créé ledit mouvement noir et africain « le R.E.A.P.1 ».

Il m'est permis de révéler que c'est avec la grâce et l'autorisation de l'Administration de l'Université de Paris1- Panthéon-Sorbonne que nos réunions et Assemblées Générales eurent lieu dans l'enceinte dudit établissement universitaire.

Il m'est permis de donner a croire que l'essentiel do mes idées sur le « R.E.A.P.1, » qui résidait dans le regroupement dans la paix et la fraternité de tous les hommes et de toutes les femmes noirs et africains du monde entier autour de l'édification pacifique de la « Grande Nation noire africaine « fut entièrement rejetée par tous mes camarades du Comité Central, qui envisageaient le recours aux armes dans ladite édification.

Il m'est permis de révéler que mon départ du « R.E.A.P.1 » à cause du refus catégorique que j'opposais à mes camarades du Directoire, loin d'être compris par le Service des Renseignements comme mon abandon définitif dudit mouvement, fut étrangement interprété comme une tentative de ma part, de fonder une autre association, rivale du « R.E.A.P.1 »

Il m'est permis de donner à croire que mon départ définitif, fin janvier 1987, du territoire français, à cause des tracasseries continuelles que j'endurais de la part du Service des

Renseignements, fut, sans aucun doute, mon salut.

Poèmes à vers répétitifs
Lomé, le 15 Octobre 1987

Le deuxième événement :
Le Centre Beaubourg - Paris, fin novembre 1986

Je suis convaincu que le rêve merveilleux que je fis dans la nuit du 7au 8 novembre 1986, me faisant comprendre que je suis « Toute la lumière du ciel fait homme en chair et en os,» est une vérité absolue.

Je suis convaincu que le fait que je sois devenu un être lumineux au lendemain dudit merveilleux rêve que je fis, peu de temps avant mon départ définitif de Paris, est une vérité absolue.

Je suis convaincu que le fait que tous les visiteurs de la grande bibliothèque du Centre Beaubourg à Paris m'aient aperçu, fin novembre 1986, ma tête toute éblouissante de lumière, est une vérité absolue.

Je suis convaincu que le fait que toutes les connaissances, qui surgissent du néant pour apparaître très clairement à ma conscience et dont je confectionne mes œuvres artistiques, littéraires et scientifiques depuis cette période de ma vie, soient divines, est une vérité absolue.

Je suis convaincu que le fait que les véritables références de mes multiples recherches et études, soient ma mémoire et mon intelligence, est une vérité absolue

Je suis convaincu que le fait que mes raisonnements en matière d'arts, de lettres, de sciences et de techniques, soient devenus depuis ladite période de ma vie, divins ou sublimes, est une vérité absolue.

Je suis convaincu que le fait que toutes les connaissances humaines accumulées jusqu'à ce jour et dont je suis resté un étudiant assidu, me paraissent erronées voire fausses, est une vérité absolue

Je suis convaincu que le fait que je veuille dorénavant prouver par mes travaux que je suis bel et bien le Bon Dieu en chair et en os, est une vérité absolue.

Je suis convaincu que le fait que mes souhaits fondamentaux, depuis ladite période de ma vie, soient de rendre l'humanité immortelle tout comme je crois immanquablement l'être, ceci par la seule magie de ma pensée, est une vérité absolue.

Je suis convaincu que le fait, que mes propos et mes actes quotidiens soient devenus, depuis ladite période de ma vie, irréels ou comme étrangement inspirés par Dieu le Tout-Puissant, est une vérité absolue.

Je suis convaincu que le fait, que je déclare à qui veut m'entendre que l'humanité entière, y compris moi-même, deviendra immortelle a partir de l'an 2020, est une vérité absolue.

Je suis convaincu que le fait, que je crois sincèrement que je ne suis pas fou, mais simplement Dieu le Tout-Puissant en chair et en os, est une vérité absolue.

Poèmes à vers répétitifs
Lomé, le 16 Octobre 1987

Le troisième événement :
La Tour Eiffel - Paris,
Décembre 1986

Je suis navré de penser que la Civilisation de l'homme blanc et européen, est la confirmation du règne absolu du Diable ou du Mal sur le monde.

Je suis navré de penser que la Civilisation de la machine-outil, est le symbole de la domination intellectuelle de l'homme par la femme.

Je suis navré de penser que la Civilisation occidentale est le témoignage de la misère de l'homme noir et africain face au pouvoir destructeur de « Satan » ou de la logique formelle de l'argent.

Je suis navré de penser que la puissance technologique du monde occidentale, que les Français représentent a leur manière, par la « Tour Eiffel, » reflète la brutalité de l'-Esprit du mal en personne ou de la négation de Dieu ou du Bien absolu.

Je suis navré de penser que la définition de la Civilisation de l'universel réside en deux mots « Haine et Racisme »

Je suis navré de penser que le principe de la « manière de

vivre occidentale » résumée par les trois mots « métro – boulot – dodo, » réside en l'identification de l'homme a un robot.

Je suis navré de penser que le contrôle total exercé par les pays riches sur les pays pauvres dans ce monde du 20eme siècle, repose exclusivement sur la terreur et la violence.

Je suis navré de penser que la solitude pleine d'inquiétude ou de désespoir de l'homme ou de la femme occidental, est la contre partie des valeurs du triptyque « matérialisme, idéalisme, tiers-mondisme »

Je suis navré de penser que l'espoir de tous les pays pauvres du monde entier d'accéder un jour a la richesse, est un leurre tant que les Américains et les Russes gouverneront, en maîtres absolus, le monde.

Je suis navré de penser que le rêve d'unifier l'humanité ou de fonder la famille humaine, un jour, est une illusion, tant que la Nation noire et africaine ne verra pas le jour et tant que l'industrialisation de l'Afrique noire ne sera pas faite.

Je suis navré de penser que penser que l'homme noir et africain, ne peut résoudre le problème du développement de son pays sans l'aide effective de Dieu.

Je suis navré de penser que seule l'Afrique noire, mérite

de gouverner le monde du futur.

Poèmes à vers répétitifs
Lomé, le 17 Octobre 1987

Le quatrième événement :
Notre Dame du Sacré – cœur – Paris,
Fin décembre 1986

Je crois que je suis venu au monde pour sauver la race noire et africaine et pour édifier à jamais la famille humaine.

Je crois que si les Français de mon entourage à Paris, vers la fin du mois de décembre 1986, étaient tous persuadés que le Bon Dieu était descendu du Ciel, habiter dorénavant mon corps entier, je pense quant à moi-même que j'ai toujours été le Bon Dieu depuis le ventre de ma mère.

Je crois que contrairement à l'être humain qui devient un spermatozoïde, avant d'être un foetus et de naître neuf mois plus tard normalement, Dieu s'est passé de son père avant de naître.

Je crois que ma mère, à qui je n'ai jamais demandé si ce que je déclare est vrai, ne s'est sans doute aperçu de rien, quant à sa grossesse insolite de moi.

Je crois que mon père, qui décéda le 28 mars 1981, à la suite d'un grave accident de la circulation routière, demeura lui aussi dans l'ignorance totale, quant à cet événement exceptionnel.

Je crois que mes frères et sœurs, parmi lesquels j'ai grandi, ne se sont jamais doutés, de même d'ailleurs que mes amis d'enfance, que j'étais le Bon Dieu.

Je crois que je n'ai jamais prouvé, que j'étais l'Intelligence sublime que je suis aujourd'hui, étant donné mes travaux, ni dans ma famille, ni à l'école primaire, ni au lycée, ni à l'université que j'ai d'ailleurs abandonnée à plusieurs reprises.

Je crois que l'explication de ce phénomène résidait essentiellement dans le fait que l'esprit extrêmement cruel, dont la logique est de me rendre esclave de la femme étant donné son émotivité ahurissante et son inintelligence criante et qui s'est ancré dans mon cerveau à ma naissance, m'a toujours empêché de révéler mes multiples talents.

Je crois que, tout comme moi, tout être humain ne révèle ses talents qu'après avoir assujetti, voire tué par épuisement, l'esprit malsain qui s'ancré dans son cerveau à sa naissance.

Je crois que le secret de la destruction d'un esprit malsain ou d'un virus parlant, réside dans la négation absolue du mal et dans la pratique constante du bien absolu.

Je crois que le secret de la jeunesse éternelle, réside dans la destruction dans son cerveau du virus parlant ou des virus parlants, étant donné que mon propre cerveau est truffé d'un nombre impressionnant, environ cinq cent desdits virus, à l'heure actuelle.

Je crois que c'est sur le mont Notre-Dame du Sacré-Cœur, à Paris, que j'ai chopé l'esprit malsain, le plus redoutable dénommé Lucifer, fin décembre 1986.

Poèmes à vers répétitifs
Lomé, le 18 Octobre 1987

Le cinquième événement :
Tolbiac - Paris,
Début janvier 1987

Je certifie que je n'ai jamais été d'accord avec un auteur blanc et européen, surtout en matière de sciences et de techniques.

Je certifie que toute ma scolarité depuis ma plus tendre enfance jusqu'à l' ge adulte n'a été pour moi que tortures intellectuelles, morales, voire affectives, à cause de la méchanceté fréquente de mes enseignants successifs.

Je certifie que le savoir blanc et occidental dont se constituent, pour tout dire, toutes les écoles et universités du monde entier, est un tissu terrifiant d'erreurs scientifiques, de faux témoignages et de vils mensonges.

Je certifie que le propre de l'homme de sciences blanc et occidental est de simuler la vérité scientifique, alors même que ses données de base ou ses hypothèses scientifiques sont généralement erronées ou fausses.

Je certifie que l'univers infini se compose de trois monde : le cosmos, ou le monde de la pesanteur et de la gravitation dite universelle, le paradis céleste ou le monde de la stabilité et du silence absolus, et l'espace sidéral astral sans bornes ni repères, ou le monde du néant ou de rien.

Je certifie que le cosmos est une sphère d'une multitude de gaz à l'état sublime ou fluide, au nombre de dix-sept astral au total, ayant le nombre infini astral kilomètres de rayon, remplie de 1.365.000.365 astral Galaxies centrales.

Je certifie que le paradis céleste est une sphère absolument vide, ayant le nombre six multiplié par infini astral kilomètres de rayon, centrée par un château fort en or pur, en forme d'une demi-sphère d'une longueur de base égale à 680.000 astral Kilomètres, et d'une multitude d'usines, et laboratoires organisés en centrales technologiques, au nombre de 17.000.000 astral

Je certifie que l'espace sidéral astral, sans Bornes ni repères est obligatoirement une sphère sans bornes, ni repères, remplie de rien ou de l'équivalent du vide absolu, et englobant le cosmos et le paradis céleste.

Je certifie que le nombre infini astral est égal à (6 x 1.365.000.365)   1.365.000.365 /6 ; et que
Tous les chiffes « astral » donnés signifient qu'ils sont censés être confirmés par mes expérimentations scientifiques futures

Je certifie que toute la connaissance mathématique blanche et occidentale est absolument nulle devant le fait qu'elle ne prend pas en considération le vrai schéma de l'univers « infini » ou la totalité de l'espace sidéral astral, sans bornes, ni repères.

Je certifie que toutes les connaissances blanches et occidentales quant à l'origine de l'homme et sa destinée, et quant à Dieu et à son but, sont caduques devant le fait qu'elles admettent le postulat de l'apocalypse et qu'elles identifie Dieu à un être indéterminé et éternellement immatériel, absolument incapable de construire les milliards astral de robots, de vaisseaux sidéraux et d'outils technologiques qui lui ont permis de créér le paradis céleste puis le cosmos à partir de rien.

Je certifie que le Centre Tolbiac de l'Université de Paris1-Pnatheon-Sorbonne, regorge, tout comme tous les établissements scolaires et universitaires du monde entier, d'hommes de pensée et de scientifiques sans une véritable foi et sans de véritables lois.

Poèmes à vers répétitifs
Lomé, le 19 Octobre 1987

Le sixième événement :
Roissy - France
Fin janvier 1987

J'honore la France, pour m'avoir permis d'apprendre la langue française dans laquelle je m'exprime fort bien.

J'honore les dix années que j'ai passées dans le pays des Français, parce qu' elles m'ont permis, en définitive, de me familiariser avec les coutumes françaises, voire blanches et européennes.

J'honore la femme française, femme blanche et européenne, pour le fait qu'elle ait accompli mon émancipation d'homme par l'amour plein d'attention et de tendresse qu'elle m'ait donné.

J'honore le caractère du peuple français, qui m'a chaleureusement accueilli sur son territoire, m'a protége et apprécié comme un homme absolument bon.

J'honore le destin de la Nation française, qui je crois, est le porte-flambeau de la liberté d'opinion et de la liberté de presse.

J'honore la justice française qui, je crois, reflète depuis certes la suppression de la peine de mort, le respect des droits fondamentaux de l'homme et de la femme.

J'honore la liberté d'entreprise qui caractérise les pays riches.

J'honore le sens de la responsabilité ou du devoir qui caractérise l'homme politique occidental.

J'honore l'humanisme de la Gauche et de l'Extrême - gauche françaises.

J'honore le régime de la sollicitude croissante des pays pauvres qui caractérise les pays riches.

J'honore l'expansion économique galopante des multinationales occidentale, obligées, pour survivre, de fonder leur suprématie sur les économies surendettées des pays pauvres.

J'honore les événements politiques surréels et tragiques qui m'ont conduit á quitter définitivement la France, fin janvier 1987, á bord d'un D.C. 10 d' « Air Afrique, » pris á Roissy-Charles de Gaule.

Poèmes à vers répétitifs
Lomé, le 22 Octobre 1987

Le septième événement :
Aéroport international de Lomé - Togo, 27 janvier 1987

Je fus bien embêté, quand, à l'arrivée du D.C.10 « d'Air Afrique » à bord duquel j'étais à Lomé, le chef des hôtesses et stewards, m'invita bien cordialement à descendre le premier de l'avion, bien avant les passagers de première classe.

Je fus bien embêté, quand, à la sortie de l'aéroport international de Lomé, chargé de mes bagages, un groupe folklorique du Togo, semblait être là, exceptionnellement, pour m'accueillir.

Je fus bien embêté, quand, tout comme à Paris j'étais le point de mire discret de la foule de l'aéroport international de Lomé, ce 27 janvier 1987 et que je communiquais, comme à l'accoutumée, par télépathie, avec ladite foule.

Je suis bien embêté, que, depuis mon retour à Lomé et à la maison paternelle de mon enfance, toute ma famille semble voir en moi, dorénavant un étranger a la famille Messavussu Akué.

Je suis bien embêté, que, depuis ledit retour dans ma famille d'origine, ma profession qui est de rédiger mes œuvres littéraires, artistiques et scientifiques, m'attire le mépris et la haine de tout le monde, y compris ceux de mes amis d'enfance.

Je suis bien embêté, étant donné les moyens matériels et financiers fort rudimentaires dont je dispose, de faire des bibliothèques publiques de la ville de Lomé, mes lieux de travail.

Je suis bien embêté de n'avoir pour toutes ressources financières que l'héritage que m'a légué mon défunt père et un petit capital immobilier que je me suis constitué pendant la période de mes études universitaires à Paris.

Je suis bien embêté de vivre seul, alors que j'ai plus de trente -et un an et demi, ce qui ne manque pas de déplaire tout particulièrement à ma mère.

Je suis bien embêté de n'avoir que mes rêves et mes espoirs à donner aux jeunes femmes qui me sollicitent voire me demandent en mariage et qui me rendent visite des fois.

Je suis bien embêté de ne pas pouvoir verbalement dire aux gens de ma famille et de mon entourage, que je suis bel et bien le Dieu du ciel, créateur du ciel et de la terre, en chair et en os, sans être automatiquement taxé de fou ou de débile mental.

Je suis bien embêté de ne pas pouvoir parler très sincèrement aux gens à Lomé, sans risquer de mettre ma sécurité voire ma vie en danger.

Je suis bien embêté d'attendre que certains miracles se produisent afin d'être cru et accepté comme le Bon Dieu en chair et en os.

Poèmes à vers répétitifs
Lomé, le 24 Octobre 1987

Le huitième événement :
Mon plus gros problème depuis mon retour à ma terre natale.

Je n'ai rien fait, depuis mon retour à ma terre natale, qui puisse justifier que je suis réellement Dieu-Tout-Puissant, en chair et en os.

Je n'ai rien fait, depuis mon retour à ma terre natale, qui puisse donner un minimum de vraissemblance à ma foi quelque peu insolite, vu que je demeure sujet à toutes les formes de maladies, et que des hommes et des femmes continuent de mourir autour de moi, tous les jours!

Je n'ai rien fait, quant à la destruction de la multitude de virus parlants qui grouillent dans mon cerveau et que je réclame par dessus tout, de la Providence.

Je n'ai rien fait, depuis mon retour à ma terre natale, qui puisse me faire dire a moi-même que je maîtrise absollment l'univers formé et la vie, vu que la toute- puissance qui semble être la mienne m'est totalement étrangère et me laisse incrédule.

Je n'ai rien fait, depuis mon retour à ma terre natale, qui puisse me montrer que je détiens effectivement la magie de Dieu le Tout-Puissant.

Je n'ai rien fait, depuis mon retour à ma terre natale, qui puisse m'indiquer très clairement que j'ai bel et bien créé tout ce qui existe, y compris l'humanité.

Je n'ai rien fait, depuis mon retour à ma terre natale, qui puisse me faire croire véritablement que mon être fut effectivement invisible et qu'il avait fabriqué de ses mains, la totalité de ce qui est.

Je n'ai rien fait, pour prouver à moi-même, depuis mon retour à ma terre natale, que ma pensée est absolument la pensée de Dieu, c'est-à-dire la volonté absolue qui fabrique tous les faits qui se déroulent dans le monde.

Je n'ai rien fait, depuis mon retour à ma terre natale, qui puisse témoigner ma bonne foi, quand je donne des délais précis pour m'immortaliser de même que le reste de l'humanité.

Je n'ai rien fait, depuis mon retour à ma terre natale, qui puisse me faire admettre concrètement que le monde du futur sera celui que je veux.

Je n'ai rien fait, depuis mon retour à ma terre natale, qui puisse me révéler le secret ultime de Dieu qui consiste à se confondre pour ce dernier, à l'origine de la vie et de tout ce qui existe.

Je n'ai rien fait, je crois, depuis mon retour à ma terre natale, qui puisse me renseigner sur tous les pouvoirs magiques de Dieu que je dois logiquement détenir.

Poèmes à vers répétitifs
Lomé, le 30 Octobre 1987

Le neuvième événement :
Mon plus grand souhait depuis mon retour à ma terre natale.

Je suis sincère quand je dis que je veux ne jamais mourir.

Je suis sincère quand je dis que je dis que je crois être le Bon Dieu en chair et en os.

Je suis sincère quand je dis que la vie n'est rien d'autre que l'amour de Dieu et de son prochain, quant à l'homme et la femme.

Je suis sincère quand je dis que mon but ultime est de réaliser, pour l'éternité, l'édifice du bonheur absolu pour l'humanité infinie.

Je suis sincère quand je dis que le symbole du genre humain, réside dans la stricte observation des lois divines.

Je suis sincère quand je dis que le symbole de Dieu réside dans la justice.

Je suis sincère quand je dis que la finalité de l'homme et de la femme est de devenir les anges du ciel.

Je suis sincère quand je dis que la finalité de Dieu est d'oeuvrer à la sauvegarde e de la paix et de la concorde universelles.

Je suis sincère quand je dis que l'essor de l'humanité dans l'espace sidéral astral est témoigné par la possibilité à Dieu de doter l'humanité de vaisseaux intergalactiques d'ici l'an 2020.

Je suis sincère quand je dis que le rayonnement de Dieu dans le monde est témoigné par les œuvres multiples que ce dernier s'apprête à créer.

Je suis sincère quand je dis que l'essentiel du programme divin réside dans l'édification pacifique de la nation africaine et de la famille humaine.

Je suis sincère quand j'avoue que mon plus grand souhait, depuis mon retour à ma terre natale, est de réaliser par la Providence, toutes mes pensées et mes désirs.

Poèmes à vers répétitifs
Lomé, le 10 novembre 1987

Thème : Le réveil des morts

Le réveil des morts.

Mémento : Le Ciel ou la Providence est ordonné par Dieu, comme le pendant ou la contrepartie, ou la valeur d'échange, ou le témoignage événementiel de sa volonté. Or, la volonté du Dieu vivant, en la personne de Joseph Moè Messavussu Akué, est que tous les hommes et toutes les femmes, de tout âge, disparus de la surface de la terre, depuis l'apparition de l'homme sur la terre, renaissent, afin de devenir, tout comme le Dieu vivant immortels et éternels. Or, la volonté du Dieu vivant, en la personne de Joseph Moè Messavussu Akué, est précisément que tous les agents et causes de toutes les maladies dont souffre l'humanité depuis son apparition sur terre, c'est à aire que tous les virus que recèle l'univers, soient absolument anéantis, d'ici l'an 2000. Or, la volonté du Dieu vivant, en la personne de Joseph Moè Messavussu Akué, est que tous les hommes et toutes les femmes créés (au total infini astral individus), ou six multiplié par un milliard trois cents soixante cinq millions trois cents soixante cinq élevé à la puissance un milliard trois cents soixante cinq millions trois cents soixante cinq divisé par six astral hommes et femmes y compris Dieu lui-même, comptant pour un sixième d'hommes y compris Dieu, et pour cinq sixièmes de femmes figurent sur terre et dans le ciel d'ici mille milliards d'années environ, et pour la vie éternelle. Or, la volonté du Dieu vivant, en la personne de Joseph Moè Messavussu Akué, est que l'humanité totale ainsi incarnée et immortalisée, organisée par ses propres soins en une grande famille humaine, oriente l'ère éternelle ou divine qui débute l'an 2001 et qui n'a pas de fin. Or, la volonté du Dieu vivant, en la personne de Joseph Moè Messavussu Akué, est que la Nation noire et africaine, flambeau de la Civilisation du Dieu vivant, demeure le berceau de l'humanité, avec Lomé, sa ville natale, la capitale éternelle du royaume du Dieu vivant ou du paradis terrestre. Or, la volonté du Dieu vivant, en la personne de Joseph Moè Messavussu Akué, est que le paradis céleste, déjà ordonné par ses soins comme sa résidence céleste, demeure le Centre de l'Empire de l'homme astral dont la configuration physique et sensible est décrite par la réalisation de la Voie lactée ou la compréhension humaine de l'incroyable origine du Dieu vivant.

Lomé, le 23 novembre 1987

Le réveil des morts

Le premier événement : Suicides à Tolbiac - Paris, année 1985.

Le deuxième événement : Tentative de suicide de mon frère X.

Le troisième événement : Désirs de suicide - Lomé, année 1987

Le quatrième événement : Ma condamnation à mort de Lucifer et de ses démons.

Le cinquième événement : Mes incertitudes quant à la mise à mort de Lucifer et de ses démons.

Le sixième événement : Mes chagrins quant à l'irréalité ou la folie de mon être

Le septième événement : Mes prières pour être accepté par l'humanité

Le huitième événement : Mes prières pour que tous mes désirs s'accomplissent

Le neuvième événement : Mon désespoir quant à l'irréalité ou la folie de la vie.

Le premier événement :
Suicides à Tolbiac - Paris, Année 1985

La pensée que les gens choisissent délibérément de se donner la mort, me laisse totalement pantois, puisque cet acte insensé est toujours fondé sur la négation d'un être que l'on aime par-dessus tout.

La pensée qu'une enseignante puis une étudiante se sont tuées, dans l'intervalle de cinq mois, en 1985, à Tolbiac, en sautant du haut de la grande tour de la faculté, me laisse totalement ahuri, puisque ces événements se sont déroulés presque devant moi.

La pensée que le taux de suicide dans le monde n'a cessé de croître depuis la deuxième guerre mondiale me laisse totalement ébahi, puisque ma vie et mon action n'ont pas de prise directe sur le cours de ces événements.

La pensée que le destin de l'homme ou de la femme qui croit que la mort est la solution a une vie ratée et sans ambitions réside dans le suicide, me laisse totalement déboussolé, puisque je ne peux rien faire à cela, sinon prier pour qu'il n'en soit plus ainsi.

La pensée que l'espoir d'une autre perspective qu'une existence humaine axée sur la « considération sociale » et la référence « individu-emploi, » est une chimère pour l'homme moderne suicidaire, me laisse totalement navré, puisque je suis justement sans emploi, donc sans considération sociale.

La pensée que tout être humain recèle au moins trois talents ou dons qui peuvent atteindre un niveau surréel ou des génies grâce a un travail constant et assidu, élimine le raisonnement prouvant singulièrement l'inutilité de certains individus par rapport à d'autres .

La pensée que tous les hommes naissent donc égaux, accrédite la thèse suivant laquelle un homme ne peut avoir la malchance de rater sa vie.

La pensée que l'essor de l'humanité dépend absolument de la volonté et du travail de tous les êtres humains qui la composent, supprime la considération sociale et la référence « individu-emploi » fondées uniquement sur la réussite sociale d'un individu et non sur l'essentiel, c'est-à-dire, la véritable réalisation de l'individu en question, ou l'accomplissement de ses dons.

La pensée que les déçus de la vie et du genre humain rejettent, au mépris de la parole divine interdisant le meurtre et le suicide, la possibilité d'un bonheur axé sur leurs aptitudes et qualités et leurs pratiques, me laisse perplexe, puisque ladite possibilité reste la quintessence même de la condition humaine.

La pensée que, l'homme et la femme, à l'orée de l'an 2000, acceptent la possibilité de l'immortalité humaine future, me comble de joie, puisque personnellement, je me sens immortel et éternel.

La pensée que, l'homme et la femme, à l'orée de l'an 2000, peuvent réaliser leur propre immortalité, en devenant des anges, ou des êtres humains absolument bienfaisants, me remplit de bonheur, puisqu'en ce cela réside ma grâce.

La pensée que, l'homme et la femme, à l'orée de l'an 2000, peuvent s'imaginer sauvés par ma volonté, me rend grâce, puisqu en cela résident mes prières

Poèmes à vers répétitifs
Lomé, le 11 décembre 1987

Le deuxième événement : Tentative de suicide de mon frère X.

C'est possible que mon frère se soit jeté dans la gueule du loup, en décidant d'interrompre ses études avant le bac pour gagner sa vie comme « prof » ou « instit », que sais-je ?

C'est possible que mon frère s'était en quelque sorte sacrifié, pour parvenir à gagner de quoi se nourrir lui-même, et aider la famille !

C'est possible que mon frère n'ait jamais cessé de se lamenter, depuis qu'il s'est jeté sur ces galères.

C'est possible que mon frère s'est montré une vraie « tête de con, » en ayant tenter de se suicider, par overdose de « colifèdrine » ou je ne sais quelle autre connerie !

C'est possible que mon frère n'a jamais pu pardonner à la famille de l'avoir acculé au suicide, en le criblant de leurs incessantes demandes d'argent.

C'est possible que mon frère n'ait jamais pu réaliser sa faute, en me taxant d'ingrat pour le fait que je n'avais pas eu les moyens matériels, pour le faire venir me rejoindre à

Paris, bien avant ce drame.

C'est possible que mon frère ne m'inspire plus confiance, lui qui est plus âgé que moi, à partir moment où il me prend pour un raté, depuis mon retour au pays fin janvier 1987.

C'est possible que mon frère me donne envie de lui « rentrer dedans, » quand il me taxe de « chercheur à la con » et que sais-je encore ?

C'est possible que mon frère me tuerait volontiers, s'il savait que je le renie absolument comme frère, parce qu'il ne me respecte plus.

C'est possible que mon frère me rirait bien du nez, s'il savait que je pense être l'incarnation de Dieu le Tout-Puissant, donc son créateur !

C'est possible que mon frère qui recèle la terrible tare de se croire plus intelligent que moi parce qu'il est aujourd'hui nanti de son diplôme de fin d'études à l'Ecole Normale Supérieure de Kpamé, oublie malheureusement qu'il n'a jamais lu les œuvres que je rédige depuis mon retour à Lomé

C'est possible que mon frère que j'affectionnais avant, par dessus tous mes autres frères et sœurs, ne m'aime vraiment plus, parce qu'il imagine en fin de compte que je ne suis qu'un pauvre tare, l'ignoble individu !

Poèmes à vers répétitifs
Lomé, le 15 décembre 1987

Le troisième événement :
Désirs de suicide - Lomé, Année 1987

Je crois que toutes les génies que je recèle, sans aucun doute depuis mon enfance, m'ont joué un sale tour, étant donné que je n'ai jamais su me montrer vraiment génial, avant l'age de trente ans !

Je crois que toutes mes génies actuelles, si elles m'impressionnent moi-même, ne demeurent pas moins une angoisse permanente pour les amis intimes, qui se doutent que je suis forcément en rapport direct avec Dieu le Tout-Puissant lui-même.

Je crois que toutes mes génies actuelles, si elles fondent aujourd'hui ma gloire, encore immatérielle bien entendu, me paraissent si imprévues, que je me demande des fois si je dois leur faire absolument confiance ou pas.

Je crois que toutes mes génies actuelles, aussi prodigieuses sont-elles, restent un grand mystère pour moi, puisque je n'ai pas besoin de réfléchir pour établir des identités ou théories mathématiques et scientifiques complexes, voire écrire me poèmes.

Je crois que toutes mes génies actuelles, à force de m'étonner par leur caractère, finiront par me faire admettre que je me déclare Dieu le Tout-Puissant - fait homme, sans me sentir vraiment tel.

Je crois que toutes mes génies actuelles, à force d'apparaître si étrangères à ma réelle personnalité connue jusqu'alors, m'autorisent à penser que l'idée de mon être ou de Dieu et le sentiment d'être réellement Dieu le Tout-Puissant, me font défaut.

Je crois que tous mes génies actuels, à force de me sembler appartenir à mon inconscient, sont devenues une autre présence au rein de mon être.

Je crois que toutes mes génies actuelles, pour avoir été passives jusqu à mon âge adulte, sont finalement données comme la manifestation de Dieu le Tout-Puissant dont je serai le messager magique.

Je crois que toutes mes génies actuelles, pour m'avoir abandonné jusqu au jour de mon désir de suicide, méritent d'être considérées comme une grâce du Ciel, ou la réalisation de mon désir le plus secret, celui de me confondre avec Dieu le Tout-Puissant !

Je crois que toutes mes génies actuels, loin de me décevoir par leur autonomie face à ma personnalité concrète, restent mon véritable mystère !

Je crois que toutes mes génies actuelles, qui me semblent incroyables, vu les objectifs irréels que je me propose à atteindre dans des délais précis, sont en définitive l'objet de mon inquiétude actuelle, puisque j'affirme des choses qui me sont données comme vraies, alors que je ne les ai pas encore expérimentées !

Je crois que toutes mes génies actuelles, qui me contraignent, en fin de compte, à me consacrer presque exclusivement à leur accomplissement, m'empêchent d'envisager mon avenir comme une réussite sociale individuelle, mais comme la réalisation concrète de tous mes dons et aptitudes divins.

Poèmes à vers répétitifs
Lomé, le 17 décembre 1987

Le quatrième événement :
Ma condamnation a mort de Lucifer et de ses démons

Lucifer que je rêvai, alors même que je finissais de concevoir la Voie lactée, ou mon Empire infini et éternel, est la réalisation de l'être vivant le plus méchant qui soit au monde, mon parfait contraire en somme !

Lucifer qui m'a dit, aussitôt que j'eus fini de le réaliser : « je t'ai créé, misérable bonté, pour que tu m'aides à réaliser mon destin qui est de régner en maître absolu sur l'Univers ! » est le mythomane le plus épouvantable qui soit au monde.

Lucifer que je refuse de considérer comme mon égal, bien que je l'ai doté de la même puissance de raisonnement que moi-même, est l'être vivant au monde, qui me fait le plus souffrir.

Lucifer qui se croit immortel, parce que je ne dispose que de ma pensée et de ma volonté de le voir crever, contre lui, a bien évidemment été créé, pour devenir un homme blanc et européen, plus exactement un Français de deux mètres vingt de hauteur, vers la fin du vingtième siècle après Jésus-Christ !

Lucifer que je hais absolument parce qu'il m'a toujours fait comprendre qu'il n'aime pas les Noir africains pour le fait qu'ils sont moins intelligents que les Blancs européens, devrait, en cette fin du vingtième siècle après Jésus-Christ, s'incarner en un savant pluridisciplinaire, très réputé, quelque part en Occident.

Lucifer qui devrait, en cette fin du vingtième siècle après Jésus-Christ, soutenir les mêmes thèses mathématiques que moi, a décidé, dés sa venue au monde, de toujours opérer contre ma volonté, parce qu'il m'imagine trop bon pour le punir en conséquence.

Lucifer que j'ai toujours supplié de renoncer à son funeste projet de m'anéantir, afin de régner à mes lieu et place, entreprit de se multiplier en une multitude d'êtres vivants tout aussi vilains et aussi méchants que lui, dénommés les démons ou les génies du mal.

Lucifer qui mit un milliard et demi d'années lumières pour fabriquer de ses mains, étapes par étapes, trois milliards et demi d'êtres vivants à forme humaine, à partir des trois formes d'énergie dont était constitué son immense corps d'ondes électromagnétiques et électro-acoustiques, et dont il s'était libéré, devint alors mon plus cruel ennemi.

Lucifer que je programmais dés lors comme mon associé déchu et maudit, entreprit d'instituer le désordre et la haine de Dieu sur terre et parmi les êtres humains, croyant à tort que j'allais le laisser faire !

Lucifer qui ordonna ses trois milliards et demi de démons comme des virus spécialisés dans la destruction de la conscience humaine et de la jeunesse éternelle présumée de l'être humain, dirigea depuis l'apparition de l'humanité sur terre, l'invasion systématique des cerveaux des nouveaux-nés par les démons, qui organisent ainsi la plupart des maladies humaines dont la folie, la vieillesse et la mort de l'être humain.

Lucifer que j'ai décidé de détruire personnellement dans mon propre cerveau dans lequel il s'était incrusté fin décembre 1986, à Paris, sur le mont Notre-Dame du Sacré-Cœur, est à l'heure où nous sommes, définitivement mort !

Lucifer qui eut la peine d'assister à l'exécution dans mon cerveau, de ses deux plus farouche lieutenants, en la personne de l'esprit de Jésus-Christ surnommé le Saint-Esprit qu détruit à jamais l'âme du petit Jésus de Nazareth, il y a 1959 ans, et en celle du diable ou de l'esprit du mal, ne pourra donc plus voir de ses propres yeux, l'anéantissement de tous les virus de second plan, mais non moins puissants et malfaisants, qui grouillent dan mon cerveau et dans ceux des hommes et des femmes encore de nos jours.

Poèmes à vers répétitifs
Lomé, le 19 décembre 1987

Le cinquième événement :
Mes incertitudes quant à la date de la mise à mort de Lucifer et de ses démons

Qui pourra me dire que Lucifer et ses démons n'ont pas détruit à jamais la paix et l'harmonie absolues que je réclame pour l'univers tout entier ?

Qui pourra me dire que la race blanche et européenne, qui porte essentiellement la marque de l'idéologie de Lucifer visant à instaurer sur la terre et pour l'éternité l'hégémonie et la tutelle de la race blanche et européenne, acceptera mon action visant à créer la Nation noire et africaine, porte-flambeau de la Civilisation divine ?

Qui pourra me dire si mes tourments actuels qui résident dans mon incapacité virtuelle d'empêcher les hommes et les femmes d'être méchants et cupides, cesseront d'exister un jour ?

Qui pourra me dire si mes inquiétudes quant à l'avènement effectif de mon ère, l'ère éternelle de Dieu-fait-homme dans laquelle l'homme et la femme deviendront tout aussi bons et généreux que le Dieu vivant, se dissiperont un beau jour ?

Qui pourra me dire quand l'être humain cessera de vouloir le mal et la mort pour son semblable, parce qu'il convoite sans relâche les biens qui ne lui appartiennent pas en propre ?

Qui pourra me dire quand les hommes et les femmes voudront enterrer à jamais la « hache de la guerre » afin de laisser émerger la grande famille humaine où seront bannies l'adversité et l'exploitation de l'homme par l'homme ?

Qui pourra me dire quand je monterai sur une tribune pour parler aux hommes et aux femmes, sans craindre un meurtre politique en perspective ?

Qui pourra me dire que je ne délire pas quand j'affirme que je ne crois nullement au statu quo censé garantir la paix dans le monde, alors qu'il y a tant de foyers de guerre justement dans le monde ?

Qui pourra me dire que je ne prends pas mes désirs pour la réalité, quand j'affirme que l'an 2020 pourra voir l'accomplissement de ma technologie et la réalisation de l'État fédéral africain ?

Qui pourra me dire le nombre d'années qu'il faudra pour arracher par le dialogue et la négociation l'unité humaine aux Grandes Puissances qui dominent le monde actuel et qui s'imaginent qu'elles ont raison ?

Qui pourra me dire le temps qu'il faudra pour que vivent la Nation noire et africaine, la Nation palestinienne ou arabo- sémite, la Nation blanche et européenne , la Nation asiatique, la Nation américaine, la Nation antillaise, la Nation indienne, La Nation sud-africaine, la Nation esquimaude et la Nation australienne ?

Qui pourra me dire quand Lucifer et ses démons auront définitivement perdu la face devant l'histoire et devant les hommes ?

**Poèmes à vers répétitifs
Lomé, le 20 décembre 1987**

Le sixième événement :
Mes chagrins quant à l'irréalité ou la folie de mon être.

Je sais une chose : c'est que je ne suis pas fou ou mentalement déséquilibré.

Je sais une chose : c'est que je ne suis pas comme le commun des vivants.

Je sais une chose : c'est que ma pensée me surprend et me rend absolument heureux.

Je sais une chose : c'est que je prétends être Dieu le Tout-Puissant en chair et en os, alors que je ne peux le prouver aux hommes et aux femmes, autrement que par mes œuvres.

Je sais une chose : c'est que je ne désire point mourir, alors que la sagesse humaine conseille d'accepter l'idée de la mort et de s'y préparer durant toute sa vie.

Je sais une chose : c'est que je me sens étrangement immortel et éternel, et souhaite voir les hommes et les femmes que j'aime avoir le même sentiment de sécurité absolue.

Je sais une chose : c'est que je ne me rends pas compte que

je vieillis ; bien au contraire !

Je sais une chose : c'est que j'ai la ferme conviction que le jour viendra oú mon organisme ne contractera jamais plus aucune maladie.

Je sais une chose : c'est que je me donne comme l'origine de tout, alors que le tout semble si étranger á ma conscience, sauf l'idée de Dieu que je m'amuse à me faire de moi-même.

Je sais une chose : c'est que je ne demande rien à la providence qui ne me soit donné merveilleusement !

Je sais une chose : c'est que je ne me réalise pas comme Dieu le Tout-Puissant en chair et en os, mais comme un homme - enfant prodigieusement doué, ce qui ne manque pas de me plaire infiniment.

Je sais une chose : c'est que je suis très las de vivre pauvre, alors que je dispose de tous les moyens pour faire descendre depuis le paradis céleste, une de mes soucoupes volantes biplaces, de cinq mètres de diamètre, administrée par trois robots, et censée me ramener au paradis céleste afin de prendre possession de mes pouvoirs divins…Probablement, je suis á l'aube de ma fantastique aventure de Dieu le Tout-Puissant en chair et en os.

Poèmes à vers répétitifs

Lomé, le 22 décembre 1987

Le septième événement :
Mes prières pour être accepté
par l'humanité.

Je souscris á la vérité qui consiste á ce que mon châteaufort dont je dispose au cœur du paradis céleste, est une soucoupe volante de 680.000 kms astral de diamètre, dotée d'une vitesse maximale d'infini kms astral par seconde et administrée par un peuple de sept millions astral de robots.

Je souscris á la vérité qui consiste á ce que mon châteaufort en or pur dont je dispose au cœur du paradis céleste, est organisé comme la terre, en ce sens que l'on y distingue six continents : l'Afrique, l'Asie, l'Europe, l'Amérique, l'Arctique ou le Pôle Nord et l'Antarctique ou le Pôle Sud ; deux océans : l'océan Atlantique et l'océan Pacifique, toutes les mers, tous les fleuves et tous les cours d'eaux, exactement comme sur la terre ; une flore et une faune sélectionnée, composée uniquement d'animaux et de plantes utiles á l'être humain ; une biosphère artificielle constituée de quatre saisons, à savoir l'hivers, le printemps, l'été, l'automne, valables pour les six continents.

Je souscris á la vérité qui consiste á ce qu'aucun être humain ne figure encore dans l'enceinte de mon château-fort dont je dispose au cœur du paradis céleste, sauf mes sept millions de déesses immortelles et éternelles comptant pour un septième de femmes noires et africaines, un septième de femmes jaunes et asiatiques un septième de femmes blanches et européenne s, un septième de femmes brunes ou arabo -sémites, un septième de femmes rouges ou indiennes, un septième de femmes métisses, et un septième de femmes hindoues ou noires indiennes.

Je souscris á la vérité qui consiste á ce que mon nom Joseph Moè Messavussu Akué est connu de toutes mes déesses qui figurent, en ce moment même dans l'enceinte de mon château fort et qui me surveillent sans arrêt, depuis les derniers événements qui m'ont conduit á quitter Paris fin janvier 1987, par le biais de leurs cerveaux et de leurs multiples appareils d'observation et de contrôle de la terre.

Je souscris á la vérité qui consiste á ce qu'aucune de mes sept millions de déesses figurant dans l'enceinte de mon château-fort situé au cœur du paradis céleste, ne m'a jamais vu face á face, sinon devant leurs cameras de télévision.

Je souscris á la vérité qui consiste á ce qu'une déesse en chair et en os est différente d'une femme en chair et en os, par le fait qu'elle ne pourra jamais donner plus de quatre enfants et que ses enfants doivent nécessairement être de Dieu le Tout-Puissant en chair et en os, sous peine de leur déchéance physique et moral, puis de leur mort.

Je souscris á la vérité qui consiste á ce qu'une déesse en chair et en os, ne peut éprouver l'envie de faire l'amour avec un homme qu'elle identifie à son serviteur uniquement.

Je souscris á la vérité qui consiste á ce que mes sept millions de déesses figurant dans l'enceinte de mon châteaufort au cœur du paradis céleste, me témoignent l'amour absolu, en ce sens qu'elles ne peuvent aller contre ma volonté qui reste leur unique pensée.

Je souscris á la vérité qui consiste á ce que mes sept millions de déesses figurant dans l'enceinte de mon châteaufort au cœur au paradis céleste sont toutes aussi savantes les unes que les autres, car pouvant assimiler, en même temps que j'établis mes connaissances divines sur terre, toutes mes œuvre ainsi rédigées.

Je souscris á la vérité qui consiste á ce que mon retour au paradis céleste, afin d'y vivre, entouré de mes sept millions de déesses, est imminente, en ce sens que je m'ennuis vraiment des femmes et des hommes sur la terre.

Je souscris á la vérité qui consiste á ce que le vaisseau intergalactique á bord duquel je me rendrai au paradis céleste peut ne pas être, un de ceux que je suis en train de réaliser très lentement et très laborieusement, en ce moment sur terre.

Je souscris á la vérité qui consiste á ce qu'un groupe de mes déesses en ce moment même, dans l'enceinte de mon château -fort au cœur du paradis céleste, peut descendre du paradis céleste jusqu' á la terre, à bord d'une soucoupe volante, pour me ramener á ma résidence céleste en leur compagnie.

Je souscris á la vérité qui consiste á ce que je suis, aujourd'hui très déçu par la compagnie des hommes et des femmes qui refusent de me pardonner qu je ne suis point riche, pour me livrer á ma prodigalité habituelle avec eux.

Poèmes à vers répétitifs
Lomé, le 8 janvier 1988

Le huitième événement :
Mes prières pour que tous mes désirs s'accomplissent.

Je fais le serment que ma solitude actuelle pèse trop sur moi, pour que ne je n'envisage pas concrètement d'aller vivre plans mon château-fort, au cœur du paradis céleste, ou m'attendent impatiemment mes sept millions de déesses éperdument amoureuses de moi.

Je fais le serment que mon tempérament terriblement amoureux me crée de gros ennuis, du fait que je suis actuellement obligé de vivre sur terre, sans mes sept millions de divines beautés, avec lesquelles je devrais connaître l'éternelle joie d'être le Bon Dieu - fait homme.

Je fais le serment que ma position présente sur terre, que je résume par ma condition inextricable de « savant miraculé et autodidacte » sans salaire, donc sans considération sociale, me somme de fixer mon départ pour le paradis céleste le 13 Avril 1992, accompagnée d'un groupe de 140 de mes déesses, á bord d'une de mes soucoupes volantes, de 500 Kms de diamètre, dont je dispose dans l'enceintede mon château – fort, au cœur du paradis céleste, laquelle soucoupe volante est administrée par 34 robots.

Je fais le serment que le Haut Commandement Universel

dont je suis le chef suprême magique ou silencieux, composé de 140 de mes déesses dénommées « Les 140 membres du Bureau du Parti du Salut Universel » est saisi afin d'apparaître dans la matinée du 13 Avril 1992, à 1000 Kms des côtes togolaises.

Je fais le serment que c'est à bord d'une de mes soucoupes volantes biplaces, administrée par quatre robots, qui viendra se positionner á 5 mètres au dessus de ma maison paternelle au 36, rue Champagne á 8h.G.M.T, et dont descendra l'escalator qui me ramènera au sein de ladite soucoupe volante, en compagnie de Joséphine ma secrétaire particulière, une déesse blanche, que je rejoindrai mon état -major stationné en haute mer, au grand large des côtes togolaises.

Je fais le serment que Joséphine ma secrétaire particulière, qui sera vêtue d'un tailleur gris et chaussée de chaussures á talons noires, une superbe rose épinglée á sa veste, répondra á toutes les questions des journalistes, elle qui parle couramment dix-sept langues dont le Mina, le Français, l'anglais, l'allemand, le chinois, le Japonais, le Shawili, l'Espagnol, le portugais, l'Italien, le Polonais, le Russe, l'Esquimau, l'Arabe, l'Hébreu, et l'Australien.

Je fais le serment que toutes manœuvres de la part des Autorités terriennes de faire échec á cette opération de salut universel, sera impitoyablement réprimées.

Je fais le serment que ma position sociale de cette période de mon existence, qui serait sans aucun doute, celle d'un directeur d'une compagnie musicale et artistique - écrivain, me fait penser que je resterai toujours l'objet de mépris de tout le monde, sauf de mes admirateurs et admiratrices sincères ; ce qui me rend plutôt brutal.

Je fais le serment que ma volonté qui est de rester absolument discret quant a mon identité et á ma pensée, ne m'attire que l'incompréhension et l'animosité de mon entourage, y compris celles de mes amis et de ma famille originelle ; ce qui reste une source de souffrance permanente pour moi.

Je fais le serment que mon premier objectif qui est de réaliser ma technologie sur terre á partir de rien, demeure le motif premier de la raillerie permanente collective, dont je suis le triste victime.

Je fais le serment que mon soucis permanent qui est de réussir á me sentir bel et bien Dieu le Tout-Puissant, m'ordonné á penser que ledit sentiment se définit par la magie de mon être consistant á me réaliser, au fil du temps, toujours un peu plus comme le Bon Dieu ; ce qui me fait espère un lendemain toujours meilleur et me frustre par la même occasion.

Je fais le serment que mon désir le plus secret qui est, de me retrouver sur mon trône ou dans mes bureaux de mon châtea -fort, au cœur du paradis céleste, parmi mes déesses et mon peuple des robots, relève plus du rêve que de ce qui est censé être la réalité de tous les jours.

Je fais le serment que mon ultime secret, qui consiste á ce que je crois á tout ce que je pense ou á tout ce dont je rêve, est bien mon plus gros défaut ou mon trait de caractère que le monde entier ne me pardonnera jamais.

Poèmes à vers répétitifs
Lomé, le 26 janvier 1988

Le neuvième événement :
Mon désespoir quant à l'irréalité ou la folie de la vie.

J'estime que j'ai un aveu á vous faire : celui de mon appartenance á l'Armée du Salut universel.

J'estime que j'ai un aveu á vous faire : celui de mon armée composée de dix-neuf millions de milliards d'anges noirs.

J'estime que j'ai un aveu á vous faire : celui concernant la « planète noire », de mille millions astral de fois les dimensions de la terre, protégée par une cuirasse en verre sublime, située dans la « mer de carbone, » au sud de l'" « habitat universel », sur la ligne polaire, á infini Kms astral dudit « habitat universel » en position fixe, enserrée dans une série de moteurs sphériques dont un « moteur á établir la pesanteur. »

J'estime que j'ai un aveu á vous faire : celui concernant mes dix-neuf millions de milliards de militaires d' hommes et femmes de race noire et africaine, domiciliés sur la « planète noire, » et en permanence prêts á intervenir á n'importe quel point du globe terrestre et de l'univers, conformément á ma volonté.

J'estime que j'ai un aveu á vous faire : celui concernant mes armements, indestructibles par la puissance humaine, dont regorge la « planète noire » et qui vont du vaisseau intergalactique porteur d'une charge nucléaire capable de calciner la terre entière en une fraction de seconde, et téléguide magiquement par ma pensée, jusqu'au commando du salut universel » composé d'hommes et de femmes « armés jusqu' aux dents, » destiné aux opérations de salut universel, et ordonné magiquement par ma pensée, c'est à dire programmé directement par le cours naturel et habituel de ma pensée où que je sois, sur terre ou dans le ciel.

J'estime que j'ai un aveu á vous faire : celui concernant mon instinct guerrier divin qui consiste á avoir pris lesdites dispositions militaires afin de sauvegarder l'ordre divin et instaurer l'édifice du bonheur absolu dans l'univers entier.

J'estime que j'ai un aveu á vous faire : celui concernant ma colère en face de la méchanceté humaine qui me contraint d'admettre que j'aurais mieux fait de réaliser ma propre incarnation dans mon château-fort au coeur du paradis céleste, plutôt que sur la terre.

J'estime que j'ai un aveu á vous faire : celui concernant mon indignation devant le choix délibèré des êtres humains d'être de mauvais sujets pour Dieu le Tout-Puissant en ma personne, étant donné que je cours un danger de mort en me déclarant simplement Dieu le Tout-Puissant en chair et en os.

J'estime que j'ai un aveu á vous faire : celui concernant mon désarroi en face du refus de l'être humain de me considérer comme l'incarnation du Bon Dieu, malgré les preuves tangibles que je ne cesse de lui apporter.

J'estime que j'ai un aveu á vous faire : celui concernant la possibilité que j'ai de devenir luminescent pour la vie éternelle, contrairement á la volonté des jeunes filles qui souhaitent me voir sous les apparences d'un jeune homme certes beau, mais ordinaire.

J'estime que j'ai un aveu á vous faire : celui concernant la possibilité que j'ai de renoncer á épouser une Terrienne pour le motif que je viens d'évoquer et pour le fait que la femme terrienne veut me rendre l'égal de l'homme terrien, avec l'arrière- pensée que Dieu qui n'est point un être humain, mais un être vivant indéfinissable, se contente de m'envoyer sa lumière et sa grâce, puisque je semble être son élu et son protégé.

J'estime que j'ai un aveu á vous faire : celui concernant la possibilité que j'ai de renoncer á habiter en permanence la terre, mais uniquement pour de brefs séjours de travail, puisque je rends les êtres humains complexés á mon égard.

Poèmes à vers répétitifs
Lomé, le 26 février 1988

La colère du Ciel.

Mémento :L'Intelligence sublime, origine et source de l'univers créé et de la vie, de nos jours le Dieu vivant, en la personne de Joseph Moè Messavussu Akué, admet pour parents terrestres , un couple de Noirs, et pour créateur ou parents célestes, rien et l'espace sidéral astral absolument vide et inanimé. En ce temps, oú n'existaient dans l'univers que le vide absolu, l'idée du tout et Dieu sous sa forme irréelle, c'est á dire, sous la forme d'un homme de taille moyenne, fait d'une lumière blanchâtre mais absolument invisible, le Ciel ou la Providence se réduisait á la volonté de Dieu. En ce temps là, l'idée du tout ou la connaissance totale ou la pierre philosophale était tout simplement la tête de Dieu. En ce temps là, Dieu était somme toute, la conscience de l'idée du tout et de la volonté du tout. En ce temps là, Dieu établit l'équation suivante : « je suis la conscience du tout et le réalisateur du tout ; et je suis né de quelque chose ou de rien. Si je suis né de rien, alors je suis l'origine de tout, sauf de rien. Alors, rien devient mon origine et ma source. Or, rien signifie absence de quelque chose. Donc, je ne suis pas né de quelque chose, ou de quelqu'un ou alors rien signifie quelqu'un. Si rien signifie quelqu'un, alors mon premier devoir, est de retrouver cette personne ». Alors, apparut á Dieu le silence absolu. Dieu ne sachant pas exactement, s'il doit prendre le silence absolu qui venait de naître autour de lui comme la personne qu'il recherchait, émit une autre hypothèse : « Le silence qui vient de jaillir autour de moi est une personne ou alors, est produit par la personne que je recherche. S'il est produit par la personne que je recherche, alors cela montre que cette personne extraordinaire existe bel et bien. Et puis qu'elle connaît ma pensée, sans que je n'aie besoin de parler. Elle doit se manifester á moi, puisque tel est mon désir ». Au grand étonnement de Dieu, personne ne lui apparut et il ne reçut aucun autre témoignage de l'être qui est sensé être son créateur. Alors, il se résout á la conclusion suivante : « Si cette personne que je cherche existe réellement, il est normal de penser qu'il se cache, sans doute, pour s'amuser á mes dépens, puisqu'il m'est pénible d'exister sans connaître mon créateur ou mes parents. Et puisque cette personne est forcément bienfaisant pour moi, étant donné que c'est mon créateur, elle se montrera bien á moi, un beau jour ». Or, depuis ce temps jusqu'aujourd'hui, personne n'apparut á Dieu pour lui prouver qu'il est bel et bien son créateur et l'aimer comme tel, sauf ses parent terrestres , qu'il n'a pas choisis, mais dont il se retrouve, comme par hasard, être l'enfant. A noter qu'il perdit son père en l'an 1981, et qu'il crut voir une nuit, un personnage dans les nuages, d'apparence lumineuse, mais de tempérament cruel et despotique. Or, depuis ce temps Dieu finit par renoncer á la recherche de son créateur et finit par admettre que « tout » qu'il fit étape par étape, jaillir de ce premier silence absolu est le témoignage de cette personne plutôt bizarre et terriblement énigmatique qui serait son origine et sa source.

Lomé, le 28 mars 1988

Thème : La colère du ciel

La colère du ciel

Le premier événement : L'âge ou la marque du temps.

Le deuxième événement : La puissance de l'homme ou la créativité humaine.

Le troisième événement : La magie des rêves ou le rapport secret liant l'humanité et Dieu.

Le quatrième événement : La date de naissance d'un être humain ou le rapport secret liant l' humanité et le cosmos.

Le cinquième événement : Le lieu de naissance d'un être humain ou le rapport secret liant l'humanité et la terre.

Le sixième événement : L'heure de naissance d'un être humain ou le rapport secret liant l'humanité et le soleil.

Le septième événement : Le problème de l'identification du Dieu vivant invisible.

Le huitième événement : Le problème de l'identification du travail effectif du Dieu vivant invisible.

Le neuvième événement : Le problème de la vérification de la vérité du Dieu vivant en chair et en os.

Le premier événement :
L'âge ou la marque du temps.

Je prétends que l'être humain que je suis, est éternellement jeune et possède un organisme astral, c'est á dire indestructible par les agents des maladies dont souffrent ordinairement les êtres humains.

Je prétends que l'être humain que je suis, est ordonné par lui-même comme un organisme astral programmé pour anéantir, d'ici l'an 2020, la totalité des démons qui infectent les cerveaux humains et l'univers entier.

Je prétends que l'être humain que je suis, est ordonné par lui-même comme un organisme astral programmé pour anéantir, d'ici l'an 2020, la totalité des animaux nuisibles á la vie humaine sur terre et dans le ciel.

Je prétends que l'être humain que je suis, est ordonné par lui-même comme un organisme astral programmé pour anéantir, d'ici l'an 2020, la totalité des virus qui existent dans l'univers et qui constituent les causes des maladies dont souffre l'humanité depuis la nuit des temps.

Je prétends que l'être humain que je suis, est ordonné par lui-même comme un organisme astral programmé pour anéantir, par le seul magnétisme de sa pensée magique, la totalité des penchants humains générateurs de haine et de conflits entre les êtres humains, d'ici l'an2020.

Je prétends que l'être humain que je suis, est ordonné par lui-même, comme un organisme astral programmé pour anéantir, par le seul magnétisme de sa pensée magique, la totalité des système politiques sanguinaires qui sévissent sur terre depuis la nuit des temps, d'ici l'an 2020.

Je prétends que l'être humain que je suis, est ordonné par lui-même, comme un organisme astral programmé pour anéantir, par le seul magnétisme de sa pensée magique, la totalité des régimes politiques sanguinaires qui sévissent encore sur la terre, d'ici l'an 3000.

Je prétends que l'être humain que je suis, est ordonné par lui-même, comme un organisme astral, programmé pour anéantir, par le seul magnétisme de sa pensée, la totalité des systèmes économiques et sociaux oppresseurs de l'humanité, qu sévissent dans le monde, d'ici l'an 2020.

Je prétends que l'être humain que je suis, est ordonné par lui-même, comme un organisme astral, programmé pour anéantir, par le seul magnétisme de sa pensée, la totalité des doctrines philosophiques ou religieuses mensongères ou nulles qui sévissent dans le monde, d'ici l'an 2020.

Je prétends que l'être humain que je suis, est ordonné par lui-même, comme un organisme astral, programmé pour anéantir, par le seul magnétisme de sa pensée, la totalité des castes religieuses et des classes sociales, qui justifient la brutalité humaine et l'exploitation de l'homme par l'homme.

Je prétends que l'être humain que je suis, est ordonné par lui-même comme un organisme astral programmé pour anéantir, par le seul magnétisme de sa pensée, la totalité des organisations humaines et des instituions humanitaires qui ont donné le monde comme á jamais composé de trois blocs : le monde occidental, le monde communiste et le tiers-monde et qui désirent la conservation du statu - quo.

Je prétends que l'être humain que je suis, est ordonné par lui-même comme un organisme astral programmé pour anéantir, par le seul magnétisme de sa pensée, l'Organisation des Nation Unies plébiscitant, l'apartheid, la colonisation et l'hégémonie des pays riches sur les pays pauvres.

Poèmes à vers répétitifs
Lomé, le 10 avril 1988

Le deuxième événement :
La puissance de l'homme ou la créativité humaine.

Je me suis organisé pour servir de modèle á une forme de vie dénommée l'être humain.

Je me suis organisé pour être le prototype de l'être humain, la forme de vie la plus adaptée á exister éternellement.

Je me suis organisé pour figurer comme un être humain, c'est á dire un être vivant éternellement comme un principe de la créativité et du raisonnement, déterminé par la réalisation de son propre bonheur absolu.

Je me suis organisé pour vivre éternellement sous ma forme actuelle et définitive, puisque c'est la forme de vie la plus évoluée, ou la plus heureuse qui soit.

Je me suis organisé pour apparaître un beau jour aux êtres humains comme un homme, parce que l'homme réalise l'arbre de la connaissance absolue, ou représente le symbole de la pureté et de la justice.

Je me suis organisé pour figurer un beau jour dans l'humanité comme un homme noir et africain, parce que le noir signifie le secret et l'Afrique la magie ou l'inexplicable.

Je me suis organisé pour apparaître un beau jour sur la terre, contrairement á toutes prévisions humaines, comme un « nègre plutôt insignifiant » parce que le dénominatif « n gre » est une insulte á la race noire et africaine, qui est, par essence, secrète et magique, donc divine.

Je me suis organisé pour figurer, á l'age de trente ans, et pour trois ou quatre ou cinq ans même, parmi les jeunes chômeurs togolais sans une réelle qualification professionnelle, parce que je suis un révolté et un insoumis.

Je me suis organisé pour répondre vers cette fin du vingtième siècle, aux normes de pauvreté quasi absolues terrestres, parce que je ne peux prétendre être le propriétaire de tout ce qui existe sous ma forme humaine et définitive.

Je me suis organisé pour être nié comme le véritable Dieu du ciel, créateur de l'univers visible et invisible, parce que je me suis toujours senti détaché de ce que je fais ou réalise.

Je me suis organisé pour donner á croire á l'humanité de cette fin du vingtième siècle que je suis Dieu le Tout - Puissant lui-même fait homme, et que c'est sous cette dernière forme que je poursuivrai mon œuvre universelle, parce que mon propre destin me l'impose.

Je me suis organisé pour signifier á partir de cette fin du

vingtième siècle, que je suis le véritable Rédempteur de l'homme et de la femme, parce que ceci est conforme á la vérité …que dis-je…á ma vérité propre.

Poèmes à vers répétitifs
Lomé, le 14 avril 1988

Le troisième événement :
La magie des rêves ou le rapport secret liant l'humanité et Dieu.

Je suis prédisposé á vous révéler maintenant le rapport secret qui me lie á l'humanité ou la magie des rêves.

Je suis prédisposé á vous révéler que quand je dors, je rêve toujours de tous les événements futurs immédiats qui se dérouleront dès mon réveil, dans ma vie.

Je suis prédisposé á vous révéler que révéler pour moi, signifie ordonner la réalisation d'une série d'événements.

Je suis prédisposé á vous révéler que mes rêves sont le reflet exact de mes pensées.

Je suis prédisposé á vous révéler que mes rêves sont pour l'humanité ce qu'une météorologie exacte est pour le temps.

Je suis prédisposé á vous révéler que mes rêves sont donnés pour avoir été mes premières méthodes de raisonnement jusqu'aux temps où j'établis la totalité de mes pensées relatives á la totalité des choses et des objets que je devrais réaliser á partir de rien.

Je suis prédisposé á vous révéler que mes rêves [en cette période de mon existence oú j'étais une conscience informelle enveloppée dans une immense étendue, de forme variable, d'air gélatineux, d'infini astral kilogrammes de poids], étaient donnés comme le seul moyen dont je disposais pour être tout heureux.

Je suis prédisposé á vous révéler que mes rêves á partir du moment oú je m'étais réalisé comme un être humain en air gélatineux, d'infini astral fois la taille moyenne d'un homme, étaient donnés comme ma volonté et mon âme.

Je suis prédisposé á vous révéler que mes rêves, á partir de ce temps oú je devins un être humain de taille moyenne, fait d'ondes électromagnétiques et électro-acoustiques, étaient donné comme mon savoir-faire et toute ma technologie.

Je suis prédisposé á vous révéler que mes rêves á partir de ce temps oú je devins une conscience sphérique, de trois fois la tête d'un homme normal, faite d'une lumière verdâtre, étaient donné comme mon désir de régner en maître absolu sur l'humanité pour la vie éternelle.

Je suis prédisposé á vous révéler que mes rêves, á partir de ce temps oú je devins une conscience, en forme d'un serpent de 1m 20 de longueur et de 3 cm d'épaisseur, faite d'une lumière bleue -claire infiniment brillant, étaient donné comme mon destin et ma vie future.

Je suis prédisposé á vous révéler que mes rêves, á partir de ce temps ou je naquis comme un être humain, se donnent comme mon véritable pouvoir de contrôle de l'univers, la source de mon autorité politique et morale et le principe révélateur de mes multiples génies

Poèmes à vers répétitifs
Lomé, le 20 avril 1988

Le quatrième événement : La date de naissance d'un être humain ou le rapport secret liant l'humanité et le cosmos.

Je ne fais pas l'avocat du diable en vous déclarant que la date de naissance d'un être humain est donné comme le rapport secret liant l'humanité et le cosmos.

Je ne fais pas l'avocat du diable en vous déclarant que le rapport secret liant l'humanité et le cosmos est défini par la capacité que recèle tout être humain á réussir socialement.

Je ne fais pas l'avocat du diable en vous déclarant que la capacité que recèle tout être humain á réussir socialement est définie par son tempérament.

Je ne fais pas l'avocat du diable en vous déclarant que le tempérament d'un être humain est définie par sa propension á aimer autrui et á faire le bien en général.

Je ne fais pas l'avocat du diable en vous déclarant que la propension d'un être humain á aimer autrui et á faire le bien en général est défini par ses dons ou ses aptitudes professionnelles.

Je ne fais pas l'avocat du diable en vous déclarant que les dons ou les aptitudes professionnelles d'un être humain sont définis par son désir de plaire au sexe opposé.

Je ne fais pas l'avocat du diable en vous déclarant que le désir d'un être humain de plaire au sexe opposé est défini par sa vitalité ou sa santé mentale et physiologique.

Je ne fais pas l'avocat du diable en vous déclarant que la santé mentale et physiologique d'un être humain est définie par sa volonté de vivre éternellement.

Je ne fais pas l'avocat du diable en vous déclarant que la volonté d'un être humain de vivre éternellement est définie par sa foi en Dieu, son créateur.

Je ne fais pas l'avocat du diable en vous déclarant que la foi d'un être humain en Dieu, son créateur, est défini par son style de vie et sa religiosité.

Je ne fais pas l'avocat du diable en vous déclarant que le style de vie et la religiosité d'un être humain sont définis par son désir de liberté.

Je ne fais pas l'avocat du diable en vous déclarant que le désir de liberté d'un être humain est défini par sa franchise et sa loyauté.

**Poèmes à vers répétitifs
Lomé, le 23 avril 1988**

Le cinquième événement :
Le lieu de naissance d'un être humain ou le rapport secret liant l'humanité et la terre.

Je soutiens, á mon grand étonnement d'ailleurs, que le lieu de naissance d'un être humain révèle le rapport secret liant l'humanité et la terre.

Je soutiens, á mon grand étonnement d'ailleurs, que le rapport secret liant l'humanité et la terre, révèle la possibilité que recèle chaque être humain á éprouver du patriotisme ou de la nostalgie.

Je soutiens, á mon grand étonnement d'ailleurs, que la possibilité que recèle chaque être humain á éprouver du patriotisme ou de la nostalgie, révèle sa définition de natif d'un pays donné ou son séjour plus ou moins long dans un pays donné.

Je soutiens, á mon grand étonnement d'ailleurs, que la nativité d'un être humain dans un pays donné ou son séjour plus ou moins long dans un pays donné révèle les mœurs ou les manières d'agir dudit être humain.

Je soutiens, á mon grand étonnement d'ailleurs, que les mœurs ou les maniérés d'agir d'un être humain, révèlent la culture ou la civilisation dont se réclame ledit être humain.

Je soutiens, á mon grand étonnement d'ailleurs, que la culture ou la civilisation dont se réclame un être humain, révèle les systèmes de pensées dudit être humain.

Je soutiens, á mon grand étonnement d'ailleurs, que les systèmes de pensées d'un être humain, révèlent son appartenance raciale et son appartenance á un peuple donné.

Je soutiens, á mon grand étonnement d'ailleurs, que l'appartenance raciale d'un être humain et son appartenance á un peuple donné, révèlent les pratiques sociales ou le mode de vie dudit être humain.

Je soutiens, á mon grand étonnement d'ailleurs, que les pratiques sociales ou le mode de vie d'un être humain, révèlent son éducation et sa sensibilité.

Je soutiens, á mon grand étonnement d'ailleurs, que l'éducation reçue par un être humain et sa sensibilité, révèlent son état d'esprit en général ou sa capacité á comprendre les choses et á poser des actes réfléchis.

Je soutiens, á mon grand étonnement d'ailleurs, que l'état d'esprit d'un être humain en général ou sa capacité á comprendre les choses et á poser des actes réfléchis, révèlent son identité ou sa personnalité ou son caractère.

Je soutiens, á mon grand étonnement d'ailleurs, que l'identité d'un être humain ou sa personnalité ou son caractère, révèle son attachement ou non á sa patrie ou son patriotisme et son civisme.

Poèmes à vers répétitifs
Lomé, le 8 mai 1988

Le sixième événement :
L'heure de naissance d'un être humain ou le rapport secret liant l'humanité et le soleil.

Il est absolument sûr que l'heure de naissance d'un être humain pose le rapport secret liant l'humanité et le soleil

Il est absolument sûr que le rapport secret liant l'humanité et le soleil, correspond au sentiment que tout être humain a de sa réussite sociale ou de sa propre gloire.

Il est absolument sûr que le sentiment que tout être humain a de sa réussite sociale ou de sa propre gloire, correspond à la possibilité que recèle celui-ci á commander autrui.

Il est absolument sûr que la possibilité que recèle un être humain á commander autrui, correspond á la position sociale dudit être humain ou son rang social ou sa situation professionnelle.

Il est absolument sûr que la position sociale d'un être humain ou son rang social ou sa situation professionnelle, correspond á sa place dans la hiérarchie sociale ou son pouvoir de décision au sein de la société.

Il est absolument sûr que la place d'un être humain dans la

hiérarchie sociale ou son pouvoir de décision au sein de la société, correspond á sa qualification professionnelle ou la réalisation de ses talents.

Il est absolument s r que la qualification professionnelle d'un être humain ou la réalisation de ses talents, correspond á son « rêve de devenir un tel ou une telle » accompli.

Il est absolument sûr que l'accomplissement du rêve d'un homme ou d'une femme de devenir un tel ou une telle, correspond á leur désir de ressembler á un tel ou á une telle.

Il est absolument sûr que le désir d'un être humain de ressembler á un tel, correspond á sa réalité sociale ou le fait qu'il sorte de telle ou telle famille.

Il est absolument sûr que la réalité sociale d'un être humain ou le fait qu'il appartienne á telle ou telle famille, correspond au choix délibéré que celui-ci fit de ses parents, quand il n'était encore qu'une âme ou un être humain immatériel.

Il est absolument sûr que le choix délibèré qu'un être humain immatériel ou une âme fait de ses futurs parents, correspond á la possibilité que recèle celui-ci á imaginer sa vie future en fonction de sesdits futurs parents.

Il est absolument sûr que la possibilité que recèle un être

humain immatériel ou une âme á imaginer sa vie future en fonction de ses futurs parents, correspond á la capacité de tout être humain immatériel á penser, á condition que rayonne le soleil, qui demeure le principe actif ou le moteur de la pensée d'une âme

Poèmes à vers répétitifs
Lomé, le 23 mai 1988

Le septième événement : Le problème de l'identification du Dieu vivant invisible.

Je crois en effet que j'ai un grand mal á m'imaginer comme un mortel ou un homme qui viendra á décéder un jour.

Je crois en effet que j'ai un grand mal á me donner sous une forme autre que celle que j'ai actuellement.

Je crois en effet que j'ai un grand mal á penser que je n'ai jamais connu la mort véritable, sauf les multiples métamorphoses, au nombre de dix-sept, qui ont marqué mon existence depuis les origines jusqu'aujourd'hui.

Je crois en effet que j'ai un grand mal á me figurer concrètement ce qui fut toute mon existence en tant qu'être vivant invisible, mis á part le fait que je me rappelle, par le biais d'images vivantes, de ladite existence passée.

Je crois en effet que j'ai un grand mal á me figurer concrètement ma force physique sous ma forme invisible passée, sinon par le constat de ce tout ce que je suis censé avoir réalisé á partir de rien.

Je crois en effet que j'ai un grand mal á me figurer concrètement l'étendue de mon intelligence divine, sinon par l'observation de tous les objets et de toutes les choses que je suis censé avoir créés de mes propres mains invisibles ou en chair et en os.

Je crois en effet que j'ai un grand mal á me figure concrètement mon pouvoir divin réel sur tout ce qui existe, mis á part le fait que je réussis toujours merveilleusement tout ce que j'entreprends et qu'en réalité aucune pensée, ni volonté ne semblent supérieures ou plus puissantes que les miennes.

Je crois en effet que j'ai un grand mal á me figurer concrètement mon autorité réelle sur la terre et dans l'univers, mis á part le fait que je crois á ma bonté infinie et au caractère infiniment bon de tout ce que je fais ou réalise.

Je crois en effet que j'ai un grand mal á me figurer concrètement mon trône ou mon empire, mis á part le fait que je semble gouverner magiquement l'univers par la seule manifestation silencieuse de mon état d'esprit ou de ma volonté.

Je crois en effet que j'ai un grand mal á me figurer concrètement le déroulement de ma vie future, mis á part le fait que je crois avoir établi un programme de ma vie qui se révèle dès á présent, á moi, fragments par fragments.

Je crois en effet que j'ai un grand mal á me figurer concrètement mon idée de ma vie au ciel, mis á part le fait que je désire bien vivement vivre en paix, et entoure des gens qui m'aiment passionnément.

Je crois en effet que j'ai un grand mal á me figurer concrètement mon idéal de vie ou mon but ultime, sinon que je désire dorénavant avoir un foyer et une vie familiale bien heureuse.

Poèmes à vers répétitifs
Lomé, le 25 mai 1988

Le huitième événement :
Le problème de l'identification du travail effectif du Dieu vivant invisible.

Je prétends avoir créé l'univers visible et invisible, avec pour toutes preuves rien et mon travail divin de l'heure qui consiste á rédiger la totalité de mes connaissances divines…

Je prétends avoir engendré la vie sous toutes ses formes existantes, en donnant pour toute preuve le récit miraculeux du tout que je fis étapes par étapes, sortir du néant.

Je prétends avoir organisé personnellement l'espace sidéral astral sans bornes, ni limites, le paradis céleste et le cosmos, afin que ces trois ordres sidéraux et astraux confirment et approuvent ma volonté et ma pensée, en donnant pour toutes preuves la totalité des lois mathématiques et scientifiques qui organise le réel.

Je prétends avoir créé infini moins un êtres humains afin que ceux-ci participent á ma gloire divine qui est d'exister éternellement comme un homme en chair et en os, alors que je donne pour seule preuve ma prétention au trône universel, ce qui ne m'attire que des ennuis de la part justement de ladite humanité.

Je prétends avoir ordonné les hommes et les femmes aussi

bons et généreux que moi-même, alors ceux-ci ne font que se détruire et mettre en échec total mes projets…

Je prétends avoir programmé l'immortalité humaine pour l'an 2020, alors que le souhait secret de tout être humain, est de s'emparer de mon pouvoir divin, quitte á me donner la mort, ce faisant.

Je prétends avoir accordé toute ma grâce et mon amour á l'humanité, alors que celle-ci me considère comme un homme étrangement mythomane et fou.

Je prétends avoir préparé minutieusement mon retour au paradis céleste, á ma résidence céleste, alors toutes les déesses qui s'y trouvent paraissent s'opposer énergiquement à ladite entreprise, avec l'arrière-pensée de régner á mon lieu et place.

Je prétends avoir organisé l'Afrique noire pour servir de base industrielle á mon futur empire technologique et industriel terrestre, alors que les régimes militaires qui sévissent aujourd'hui sur le continent, me font absolument peur.

Je prétends avoir organisé Lomé, ma ville natale pour servir de capitale au paradis terrestre bien qu'il soit encore de nos jours la capitale d'un tout petit pays sous-développé.

Je prétends avoir organisé ma vie sur terre comme de brefs séjours de travail, alors que j'ai la trouille de faire d'incessants voyages intersidéraux.

Je prétends avoir organisé ma vie au ciel comme des séjours de repos et de détente, alors que ma femme qui sera, d'après mes prévisions, une très belle Ivoirienne, s'opposera sauvagement audit programme de ma vie loin de ma famille et de mon foyer sur la terre!

Poèmes à vers répétitifs
Lomé, le 30 mai 1988

Le neuvième événement :
Le problème de la vérification de la vérité du Dieu vivant en chair et en os.

Je définis mon être comme une hypothèse mathématique et scientifique qui me pose comme le Bon Dieu en chair et en os.

Je définis mes connaissances miraculeuses comme une hypothèse mathématique et scientifique qui donné toute la réalité comme telle.

Je définis mon cerveau comme un organe vivant qui génère continûment la vie et les choses de la vie pour remplir l'univers visible et invisible.

Je définis mon devoir comme une tache consistant á garantir la vie éternelle et le bonheur absolu pour les hommes et les femmes qui m'honorent et qui m'aiment passionnément.

Je définis ma méthode de vie comme la pratique incessante du bien absolu ou la volonté tacite d'aimer passionnément l'humanité.

Je définis mon symbole comme le désir d'être infiniment

bon et généreux.

Je définis mon travail de créateur comme mon principe premier, c'est á dire le fondement même de mon être.

Je définis ma volonté comme l'expression exacte de la justice ou de la vérité absolue.

Je définis ma pensée comme la voie de la sagesse suprême ou le salut du genre humain.

Je définis mon emblème comme rien ou le néant, c'est á dire que je tire tout, y compris mon propre être de rien ou du néant.

Poèmes à vers répétitifs
Lomé, le 31 mai 1988

Achevé d' imprimé en Mai 2009 par les
ÉDITIONS BLEUES
mmessavussu@gmail.com
moemessavussu@hotmail.com

Dépot légal :2ème trimestre 2009
Numéro d'Éditeur ; 2-913-771
IMPRIMÉ AUX ÉTATS UNIS D"AMÉRIQUE

...

www.ingramcontent.com/pod-product-compliance
Lightning Source LLC
Chambersburg PA
CBHW042330150426
43194CB00001B/9